Impressum
Verlag: BABADADA GmbH, Nedderfeld 112 , 22529 Hamburg
Geschäftsführer / Verlagsleitung: Harald Hof
Druck: Books on Demand GmbH, In de Tarpen 42, 22848 Norderstedt

Imprint
Publisher: BABADADA GmbH, Nedderfeld 112 , 22529 Hamburg, Germany
Managing Director / Publishing direction: Harald Hof
Print: Books on Demand GmbH, In de Tarpen 42, 22848 Norderstedt

בית ספר

school

כיתה
klaslokaal
חילק
delen
186/2
לוח
bord
schoolplein
מורה
leraar
נייר
papier
כתב
schrijven
עט
pen
שולחן עבודה
bureau
סרגל
lineaal
ספר
boek
תלמיד
leerling

ילקוט

schooltas

קלמר

etui

עיפרון

potlood

מחדד

puntenslijper

גומי מחיקה

gum

חוברת סרטוט

schetsblok

סרטוט
tekening

מברשת
penseel

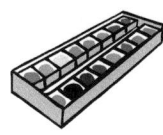

קופסת צבעים
verfdoos

מספריים
schaar

דבק
lijm

ספר תרגול
schrift

שיעור בית
huiswerk

12

מספר
getal

2+2

חיבר
optellen

5-2

חיסר
aftrekken

2×2

הכפיל
vermenigvuldigen

חישב
rekenen

A

אות
letter

ABCDEFG HIJKLMN OPQRSTU VWXYZ

אלפבית
alfabet

hello

מילה
woord

טקסט

tekst

קרא

lezen

גיר

krijt

שיעור

les

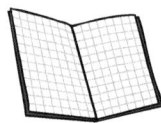

יומן נוכחות

klassenboek

מבחן

examen

תעודה

diploma

תלבושת בית ספר

schooluniform

חינוך

opleiding

אנציקלופדיה

encyclopedie

אוניברסיטה

universiteit

מיקרוסקופ

microscoop

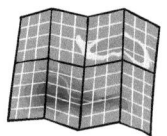

מפה

kaart

סל נייר

prullenmand

נסיעה

reis

מלון
hotel
הוסטל
hostel
המרת מטבע
wisselkantoor
מזוודה
koffer
אוטו
auto

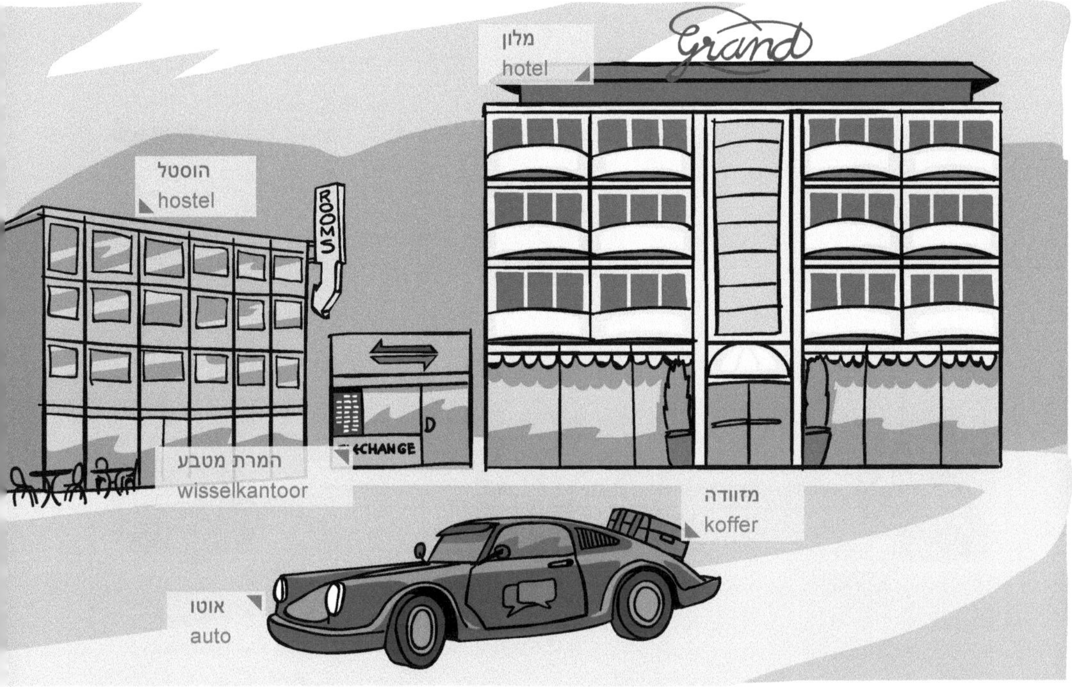

שפה

taal

כן / לא

ja / nee

בסדר

oké

שלום

Hallo!

מתרגם

tolk

תודה

Bedankt.

כמה עולה.....?

Wat kost ...?

אני לא מבין

Ik begrijp het niet.

בעיה

probleem

!ערב טוב

Goedenavond!

!בוקר טוב

Goedemorgen!

!לילה טוב

Goedenacht!

להתראות

Tot ziens!

כיוון

richting

כבודה

bagage

תיק

tas

תרמיל גב

rugzak

אורח

gast

חדר

kamer

שק שינה

slaapzak

אוהל

tent

מרכז מידע לתיירים

VVV-kantoor

חוף ים

strand

כרטיס אשראי

creditkaart

ארוחת בוקר

ontbijt

ארוחת צהריים

lunch

ארוחת ערב

diner

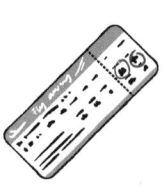

כרטיס

kaartje

מעלית

lift

בול

postzegel

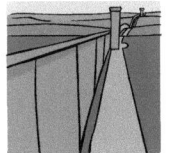

גבול

grens

מכס

douane

שגרירות

ambassade

אשרה

visum

דרכון

paspoort

תחבורה

transport

מטוס
vliegtuig
אונייה
schip
כבאית
brandweerwagen
אוטובוס
bus
משאית
vrachtauto
סירת מנוע
motorboot
אופניים
fiets
אוטו
auto

מעבורת
....
veerboot

סירה
....
boot

אופנוע
....
motorfiets

ניידת משטרה
....
politiewagen

מכונית מרוץ
....
raceauto

רכב שכור
....
huurauto

מכוניות בשיתוף

carsharing

אוטו גרר

takelwagen

משאית זבל

vuilniswagen

מנוע

motor

דלק

benzine

תחנת דלק

benzinepomp

תמרור

verkeersbord

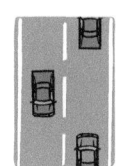

תנועה

verkeer

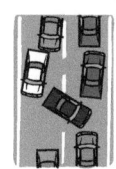

פקק תנועה

file

חניה

parkeerplaats

תחנת רכבת

station

פסי רכבת

rails

רכבת

trein

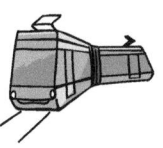

רכבת קלה

tram

קרון

wagon

מסוק

helikopter

שדה-תעופה

luchthaven

מגדל

toren

נוסע

passagier

קונטיינר

container

קרטון

verhuisdoos

עגלה

kar

סל

mand

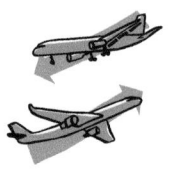

המראה / נחיתה

opstijgen / landen

עיר

stad

כפר

dorp

מרכז העיר

stadscentrum

בית

huis

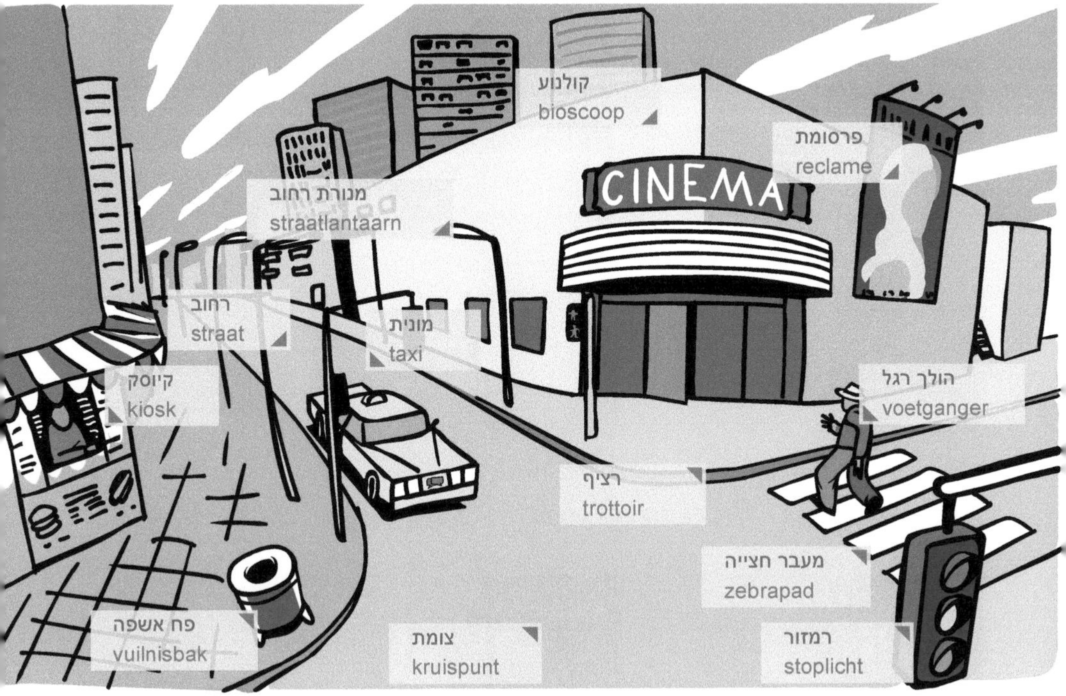

CINEMA
קולנוע
bioscoop
פרסומת
reclame
מנורת רחוב
straatlantaarn
רחוב
straat
מונית
taxi
קיוסק
kiosk
הולך רגל
voetganger
רציף
trottoir
מעבר חצייה
zebrapad
פח אשפה
vuilnisbak
צומת
kruispunt
רמזור
stoplicht

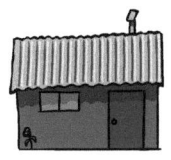

בקתה

hut

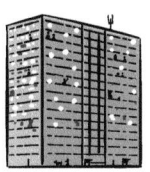

דירה

appartement

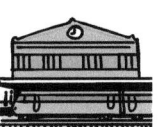

תחנת רכבת

station

עירייה

stadhuis

MUSEUM

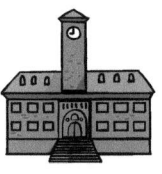

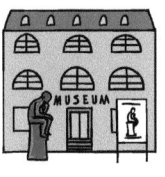

מוזיאון

museum

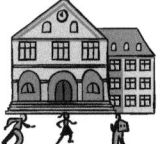

בית ספר

school

אוניברסיטה

universiteit

בנק

bank

בית חולים

ziekenhuis

מלון

hotel

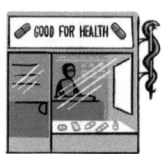

בית מרקחת

apotheek

משרד

kantoor

חנות ספרים

boekenwinkel

חנות

winkel

חנות פרחים

bloemenwinkel

סופרמרקט

supermarkt

שוק

markt

כל-בו

warenhuis

מוכר דגים

visboer

קניון

winkelcentrum

נמל

haven

פארק

park

ספסל

bank

גשר

brug

מדרגות

trap

רכבת תחתית

metro

מנהרה

tunnel

תחנת אוטובוס

bushalte

בר

bar

מסעדה

restaurant

תא דואר

brievenbus

שלט רחוב

straatnaambord

מדחן

parkeermeter

גן חיות

dierentuin

בריכת שחיה

zwembad

מסגד

moskee

חווה

boerderij

זיהום

vervuiling

בית עלמין

begraafplaats

כנסייה

kerk

מגרש משחקים

speelplaats

בית מקדש

tempel

נוף
landschap

עלה
blad

תמרור
wegwijzer

דרך
weg

מרעה
weide

אבן
steen

עץ
boom

מטייל
wandelaar

נהר
rivier

דשא
gras

פרח
bloem

בקעה
vallei

הר
berg

אגם
meer

יער
bos

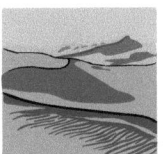

מדבר
woestijn

הר געש
vulkaan

טירה
kasteel

קשת בענן
regenboog

פטריה
paddenstoel

דקל
palmboom

יתוש
mug

זבוב
vlieg

נמלה
mier

דבורה
bij

עכביש
spin

חיפושית

kever

צפרדע

kikker

סנאי

eekhoorn

קיפוד

egel

ארנב

haas

ינשוף

uil

ציפור

vogel

ברבור

zwaan

חזיר בר

wild zwijn

צבי

hert

אייל הקורא

eland

סכר

stuwdam

טורבינת רוח

windmolen

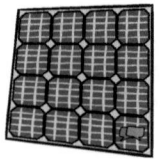

פנל סולארי

zonnepaneel

אקלים

klimaat

מסעדה
restaurant

מלצר
ober
תפריט
menu
כסא
stoel
מרק
soep
פיצה
pizza
סכו"ם
bestek
מפת שולחן
tafelkleed

מנת פתיחה

....

voorgerecht

מנה עיקרית

....

hoofdgerecht

קינוח

....

toetje

שתיות

....

dranken

אוכל

....

eten

בקבוק

....

fles

מזון מהיר

fastfood

אוכל רחוב

eetkraampje

קנקן תה

theepot

מסכרת

suikerpot

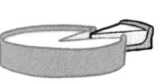

מנה

portie

מכונת אספרסו

espressomachine

כסא תינוק

kinderstoel

חשבון

rekening

מגש

dienblad

סכין

mes

מזלג

vork

כף

lepel

כפית

theelepel

מפית

servet

כוס

glas

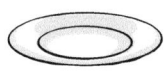

צלחת
bord

קערת מרק
soepbord

תחתית
schotel

רוטב
saus

מלחייה
zoutvaatje

מטחנת פלפל
pepermolen

חומץ
azijn

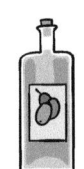

שמן
olie

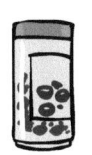

תבלינים
kruiden

קטשופ
ketchup

חרדל
mosterd

מיונז
mayonaise

סופרמרקט
supermarkt

מבצע
aanbieding
לקוח
klant
מוצרי חלב
zuivelproducten
פירות
fruit
עגלת קניות
winkelwagen

אטליז

slager

מאפייה

bakkerij

שקל

wegen

ירקות

groente

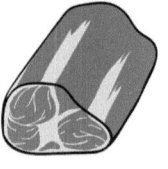

בשר

vlees

מזון קפוא

diepvriesproducten

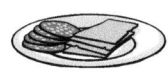

בשר קר

vleeswaren

שימורים

conserven

אבקת כביסה

wasmiddel

ממתקים

snoepgoed

מוצרי בית

huishoudelijke artikelen

חומר ניקוי

schoonmaakmiddel

מוכרת

verkoopster

קופה

kassa

קופאי

kassier

רשימת קניות

boodschappenlijstje

שעות פתיחה

openingstijden

ארנק

portefeuille

כרטיס אשראי

creditkaart

תיק

tas

שקית נילון

plastic zak

שתיות

dranken

מים

water

מיץ

sap

חלב

melk

קולה

cola

יין

wijn

בירה

bier

אלכוהול

alcohol

קקאו

chocolademelk

תה

thee

קפה

koffie

אספרסו

espresso

קפוצ'ינו

cappuccino

אוכל

eten

בננה

banaan

תפוח

appel

תפוז

sinaasappel

אבטיח

watermeloen

לימון

citroen

גזר

wortel

שום

knoflook

במבוק

bamboe

בצל

ui

פטריות

paddenstoel

אגוזים

noten

אטריות

pasta

ספגטי
spaghetti

אורז
rijst

סלט
salade

צ'יפס
friet

צ'יפס
gebakken aardappelen

פיצה
pizza

המבורגר
hamburger

כריך
sandwich

שניצל
schnitzel

שינקין
ham

סלאמי
salami

נקניקיה
worst

עוף
kip

טיגון
gebraad

דג
vis

שיבולת שועל

havermout

מוזלי

muesli

קורנפלקס

cornflakes

קמח

meel

קרואסון

croissant

לחמנייה

broodjes

לחם

brood

טוסט

toast

עוגיות

koekjes

חמאה

boter

גבינה לבנה

kwark

עוגה

taart

ביצה

ei

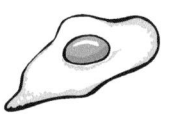

ביצת עין

gebakken ei

גבינה

kaas

גלידה

ijs

סוכר

suiker

דבש

honing

ריבה

jam

ממרח נוגט

chocoladepasta

קארי

kerrie

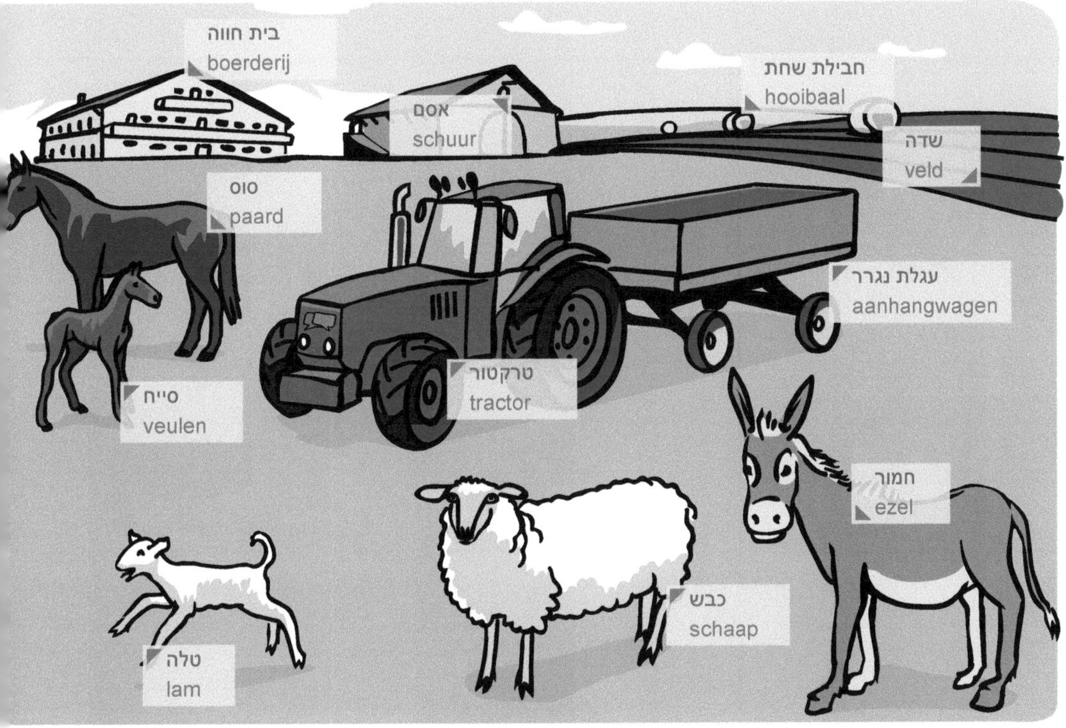

בית חווה
boerderij

חבילת שחת
hooibaal

אסם
schuur

שדה
veld

סוס
paard

עגלת נגרר
aanhangwagen

טרקטור
tractor

סייח
veulen

חמור
ezel

כבש
schaap

טלה
lam

עז
geit

פרה
koe

עגל
kalf

חזיר
varken

חזרזיר
big

שור
stier

אווז

gans

ברווז

eend

אפרוח

kuiken

תרנגולת

kip

תרנגול

haan

חולדה

rat

חתול

kat

עכבר

muis

שור

os

כלב

hond

מלונה

hondenhok

צינור השקיה

tuinslang

קנקן מים

gieter

חרמש

zeis

מחרשה

ploeg

מגל

sikkel

מגרפה

schoffel

קלשון

hooivork

גרזן

bijl

מריצה

kruiwagen

שוקת

trog

כד חלב

melkbus

שק

zak

גדר

hek

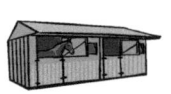

אורווה

stal

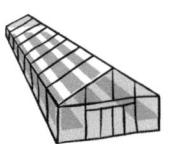

חממה

broeikas

אדמה

grond

זרע

zaad

דשן

mest

מקצרה

maaidorser

קצר

oogsten

קציר

oogst

בטטה אפריקנית

yam

חיטה

tarwe

סויה

soja

תפוח אדמה

aardappel

תירס

maïs

קנולה

koolzaad

עץ פירות

fruitboom

קסבה

maniok

דגנים

granen

בית
huis

ארובה
schoorsteen
גג
dak
מרזב
regenpijp
חלון
raam
מוסך
garage
פעמון
deurbel
דלת
deur
פח אשפה
prullenbak
תיבת מכתבים
brievenbus
גינה
tuin

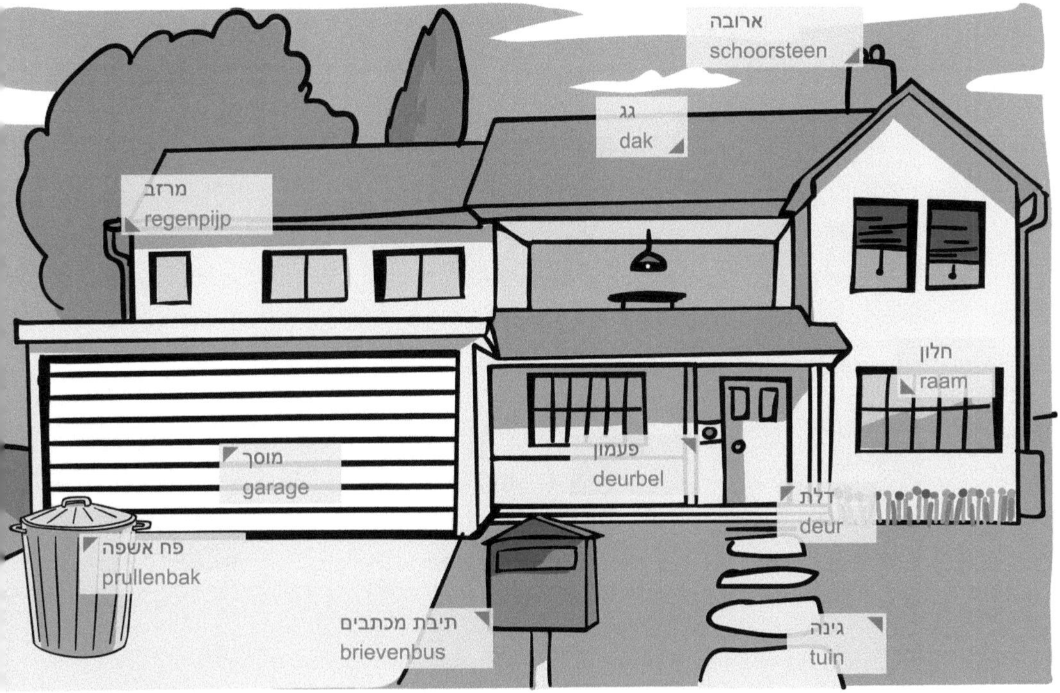

סלון
....
woonkamer

חדר אמבטיה
....
badkamer

מטבח
....
keuken

חדר שינה
....
slaapkamer

חדר ילדים
....
kinderkamer

חדר אוכל
....
eetkamer

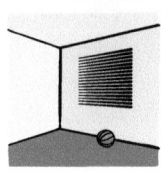

רצפה
vloer

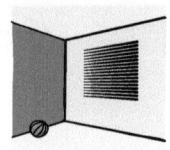

קיר
muur

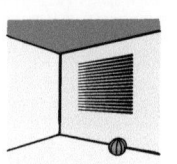

תקרה
plafond

מרתף
kelder

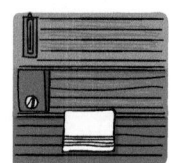

סאונה
sauna

מרפסת
balkon

מרפסת
terras

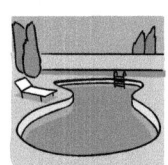

בריכה
zwembad

מכסחת דשא
grasmaaier

סדין
laken

כיסוי מיטה
bedsprei

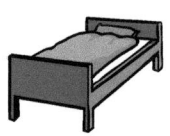

מיטה
bed

מטאטא
bezem

דלי
emmer

מפסק
schakelaar

סלון
woonkamer

טפט
behang
תמונה
foto
מנורה
lamp
מדף
plank
ארון
kast
טלוויזיה
televisie
אח
open haard
פרח
bloem
כרית
kussen
ספה
bankstel
אגרטל
vaas
שלט רחוק
afstandsbediening

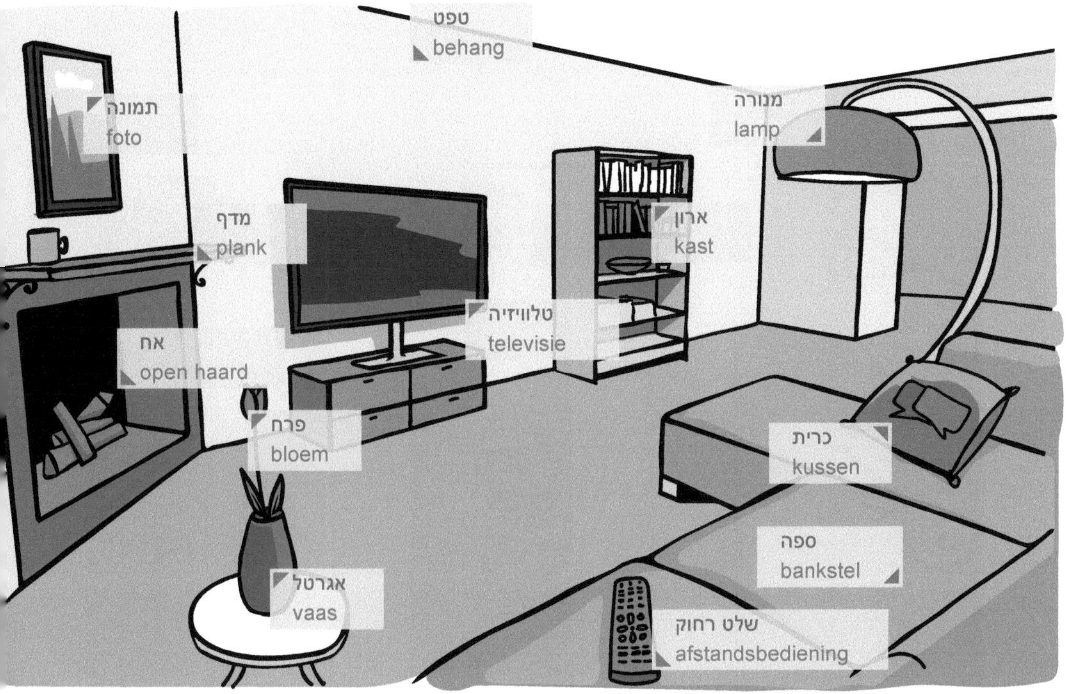

שטיח

tapijt

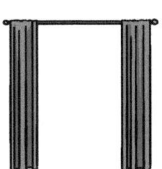

וילון

gordijn

שולחן

tafel

כסא

stoel

כיסא נדנדה

schommelstoel

כורסה

stoel

ספר
boek

שמיכה
deken

דקורציה
decoratie

עצי הסקה
brandhout

סרט
film

מערכת סטריאו
stereo-installatie

מפתח
sleutel

עיתון
krant

ציור
schilderij

פוסטר
poster

רדיו
radio

מחברת
kladblok

שואב אבק
stofzuiger

קקטוס
cactus

נר
kaars

מטבח
keuken

מקרר
koelkast
מיקרוגל
magnetron
מאזני מטבח
keukenweegschaal
טוסטר
toaster
חומר ניקוי
schoonmaakmiddel
תנור
oven
מקפיא
vriesvak
פח אשפה
prullenbak
מדיח כלים
vaatwasser

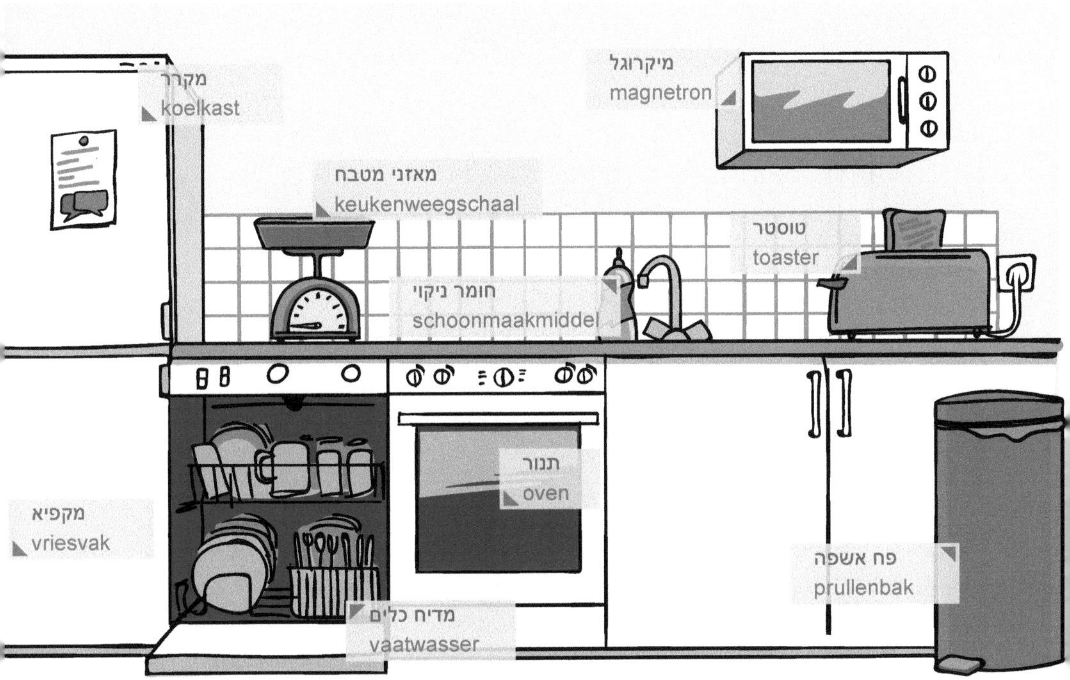

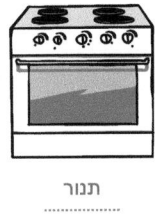

תנור
....
fornuis

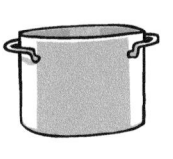

סיר
....
pan

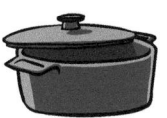

סיר ברזל
....
gietijzeren pan

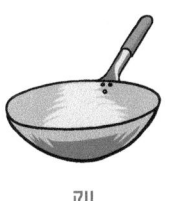

ווק
....
wok / kadai

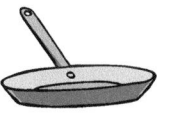

מחבת
....
koekenpan

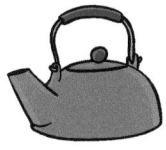

קומקום חשמלי
....
ketel

מאדה

stoomkoker

מגש אפייה

bakplaat

כלי אוכל

servies

ספל

beker

קערה

kom

צ'ופסטיקס

eetstokjes

מצקת

soeplepel

מרית

spatel

מטרפה

garde

מסננת בישול

vergiet

מסננת

zeef

מגרדת

rasp

מכתש

vijzel

גריל

barbecue

מדורה

vuurhaard

קרש חיתוך

snijplank

מערוך

deegroller

פותחן פקקים

kurkentrekker

פחית

blik

פותחן קופסאות

blikopener

מטלית

pannenlap

כיור

wasbak

מברשת

borstel

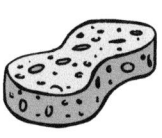

ספוג

spons

בלנדר

blender

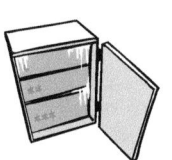

מקפיא

vriezer

בקבוק לתינוק

babyflesje

ברז

kraan

חדר אמבטיה
badkamer

מקלחת
douche
חימום
verwarming
מגבת
handdoek
וילון מקלחת
douchegordijn
אמבטיית קצף
bubbelbad
אמבטיה
bad
כוס
glas
מכונת כביסה
wasmachine
ברז
kraan
אריחים
tegels
סיר לילה
potje
כיור
wasbak

אסלה
toilet

אסלת כריעה
hurktoilet

בידה
bidet

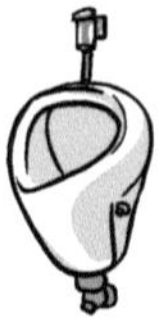

משתנה
urinoir

נייר טואלט
toiletpapier

מברשת אסלה
toiletborstel

מברשת שיניים

tandenborstel

משחת שיניים

tandpasta

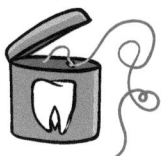

חוט דנטלי

flosdraad

שטף

wassen

מקלחת יד

handdouche

צינור שטיפה לשירותים

toiletdouche

קערת רחצה

waskom

מברשת גב

rugborstel

סבון

zeep

ג'ל רחצה

douchegel

שמפו

shampoo

ליפה

washanje

ניקוז

afvoer

קרם

creme

דיאודורנט

deodorant

מראה

spiegel

מראת יד

make-upspiegel

סכין גילוח

scheermes

קצף גילוח

scheerschuim

אפטרשייב

aftershave

מסרק

kam

מברשת

borstel

מייבש שיער

haardroger

ספריי לשיער

haarspray

איפור

make-up

שפתון

lippenstift

לק

nagellak

צמר גפן

watten

מספריים לציפורניים

nagelschaartje

בושם

parfum

תיק כלי רחצה
toilettas

שרפרף
kruk

משקל
weegschaal

חלוק רחצה
badjas

כפפות גומי
rubber handschoenen

טמפון
tampon

תחבושת סניטרית
maandverband

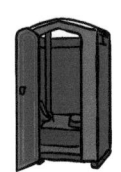

שירותים כימיקליים
chemisch toilet

חדר ילדים
kinderkamer

שעון מעורר
wekker
צעצוע חיבוק
knuffeldier
מכונית צעצוע
speelgoedauto
רעשן
rammelaar
בית בובות
poppenhuis
מתנה
cadeau

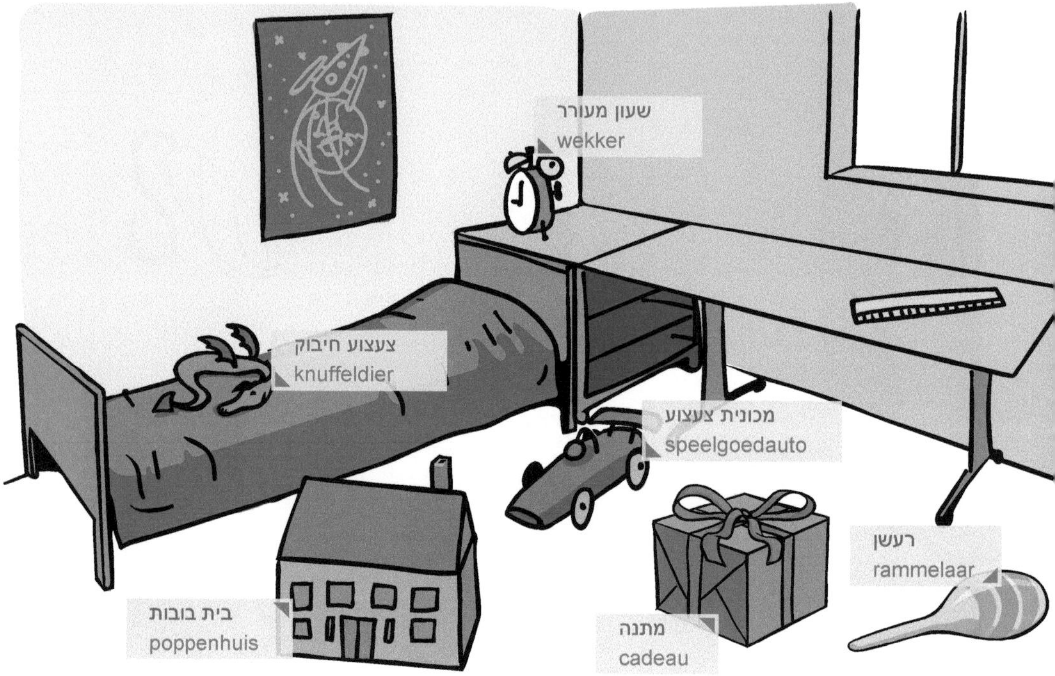

בלון

ballon

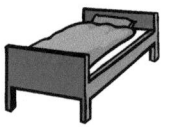

מיטה

bed

עגלה

kinderwagen

משחק קלפים

kaartspel

פאזל

puzzel

קומיקס

stripverhaal

לגו

legostenen

קוביות משחק

speelgoedblokken

דמות משחק

actiefiguurtje

סרבל תינוקות

romper

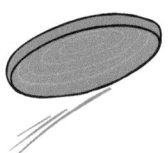

פריזבי

frisbee

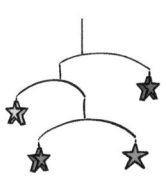

נייד

mobile

משחק לוח

bordspel

קוביה

dobbelsteen

רכבת צעצוע

modeltrein

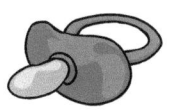

מוצץ

speen

מסיבה

feestje

אלבום תמונות

prentenboek

כדור

bal

בובה

pop

שיחק

spelen

ארגז חול

zandbak

נדנדה

schommel

צעצועים

speelgoed

קונסולת משחקים

spelcomputer

אופניים תלת גלגלי

driewieler

דובון

teddybeer

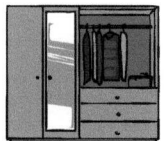

ארון בגדים

kleerkast

בגדים

kleding

גרביים

sokken

גרביונים

kousen

גרביון

panty

צעיף
sjaal

חגורה
riem

מטריה
paraplu

חולצת טי
T-shirt

נעלי ספורט
sportschoenen

מגפיים
laarzen

נעלי בית
pantoffels

סנדלים
....
sandalen

נעליים
....
schoenen

מגפי גומי
....
rubberlaarzen

תחתונים
....
onderbroek

חזייה
....
beha

וסט
....
onderhemd

גוף

body

מכנסיים

broek

ג'ינס

spijkerbroek

חצאית

rok

חולצה מכופתרת

blouse

חולצה

overhemd

אפודה

trui

סווצ'ר עם קפוצ'ון

hoody

בלייזר

blazer

ז'קט

jas

מעיל

mantel

מעיל גשם

regenjas

תלבושת

kostuum

שמלה

jurk

שמלת כלה

trouwjurk

חליפה

pak

כותונת לילה

nachthemd

פיג'מה

pyjama

סארי

sari

מטפחת ראש

hoofddoek

טורבן

tulband

בורקה

boerka

קאפטן

kaftan

עבאיה

abaja

בגד ים

zwempak

בגד ים

zwembroek

מכנסיים קצרים

korte broek

בגד אימון

trainingspak

סינר

schort

כפפות

handschoenen

כפתור
knoop

משקפיים
bril

צמיד יד
armband

שרשרת
ketting

טבעת
ring

עגיל
oorbel

כובע
pet

קולב
kledinghanger

כובע
hoed

עניבה
stropdas

רוכסן
rits

קסדה
helm

כתפיות
bretels

תלבושת בית ספר
schooluniform

מדים
uniform

מפית אוכל

slabbetje

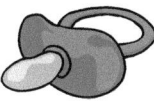

מוצץ

speen

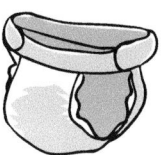

חיתול

luier

משרד
kantoor

שרת
server
תיקייה
archiefkast
מדפסת
printer
נייר
papier
מסך
beeldscherm
עכבר
muis
שולחן עבודה
bureau
תיק
map
מקלדת
toetsenbord
כסא
stoel
סל נייר
prullenmand
מחשב
computer

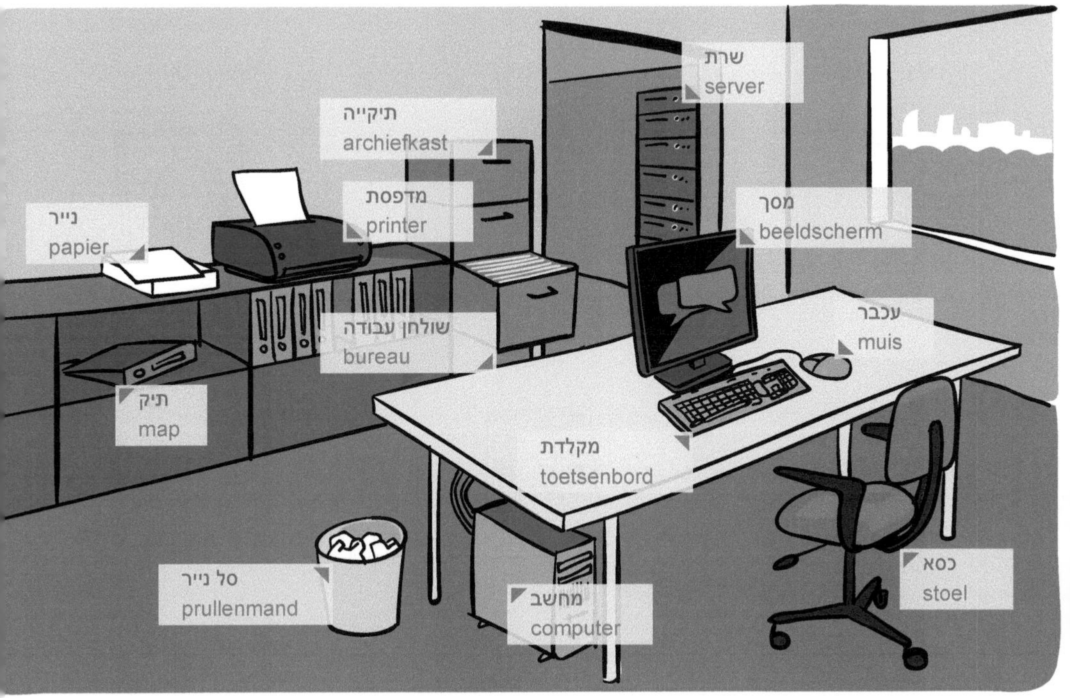

ספל קפה

koffiemok

מחשבון

rekenmachine

אינטרנט

internet

מחשב נייד

laptop

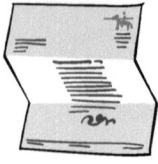

מכתב

brief

הודעה

bericht

נייד

mobiele telefoon

רשת

netwerk

מכונת צילום

kopieermachine

תוכנה

software

טלפון

telefoon

שקע

stopcontact

פקס

fax

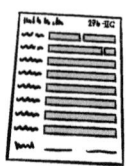

טופס

formulier

מסמך

document

קנה

kopen

שילם

betalen

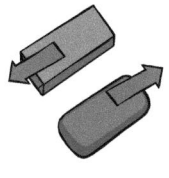

סחר

handel drijven

כסף

geld

דולר

dollar

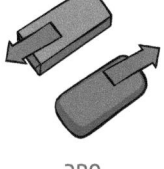

יורו

euro

ין

yen

רובל

roebel

פרנק שווייצרי

Zwitserse frank

יואן רנמינבי

renminbi yuan

רופי

roepie

כספומט

geldautomaat

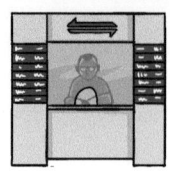

המרת מטבע

wisselkantoor

זהב

goud

כסף

zilver

נפט

olie

אנרגיה

energie

מחיר

prijs

חוזה

contract

מס

belasting

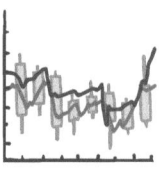

מנייה

aandeel

עבד

werken

עובד

werknemer

מעסיק

werkgever

מפעל

fabriek

חנות

winkel

מקצועות
beroepen

שוטר
politieagent
כבאי
brandweerman
טבח
kok
רופא
dokter
טייס
piloot

גנן
tuinman

נגר
timmerman

תופרת
naaister

שופט
rechter

כימאי
scheikundige

שחקן
toneelspeler

נהג אוטובוס

buschauffeur

נהג מונית

taxichauffeur

דייג

visser

עובדת נקיון

schoonmaakster

מתקן גגות

dakdekker

מלצר

ober

צייד

jager

צייר

schilder

אופה

bakker

חשמלאי

elektricien

עובד בניין

bouwvakker

מהנדס

ingenieur

קצב

slager

אינסטלטור

loodgieter

דוור

postbode

חייל

soldaat

אדריכל

architect

קופאי

kassier

מוכר פרחים

bloemist

ספר

kapper

כרטיסן

conducteur

מכונאי

monteur

קברניט

kapitein

רופא שיניים

tandarts

מדען

wetenschapper

רב

rabbi

אימאם

imam

נזיר

monnik

כומר

pastoor

כלי עבודה
gereedschap

צבת
tang
פטיש
hamer
מברג
schroevendraaier
פנס
zaklamp
מפתח ברגים
moersleutel

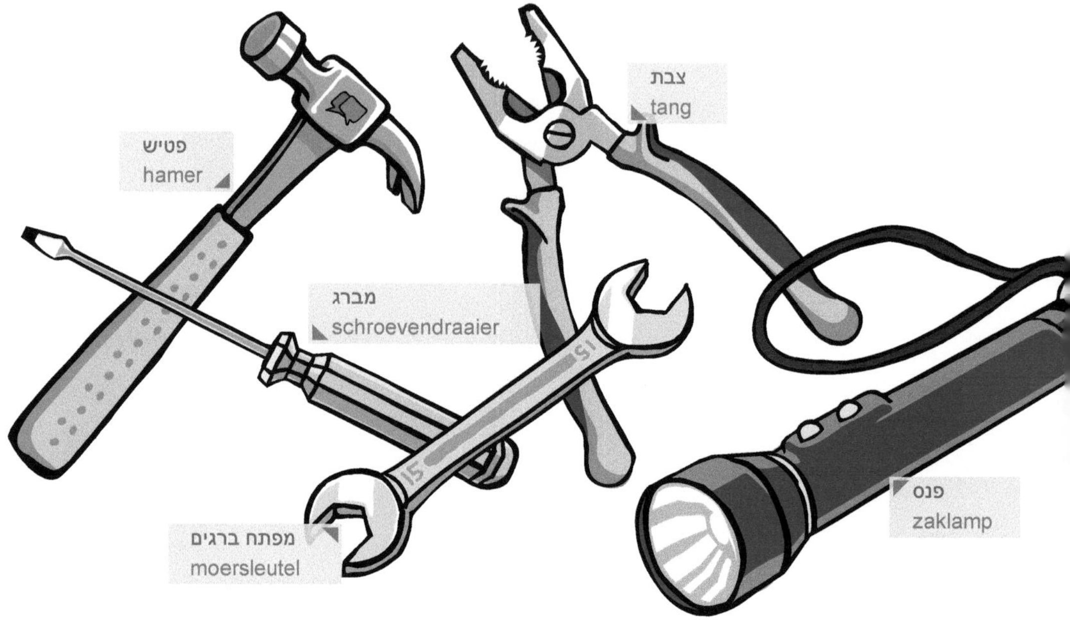

דחפור

graafmachine

ארגז כלים

gereedschapskist

סולם

ladder

מסור

zaag

מסמרים

spijkers

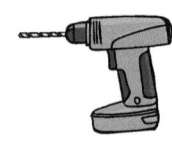

מקדחה

boor

תיקן
repareren

את חפירה
schep

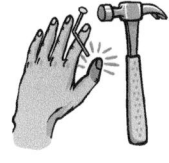

לעזאזל!
Verdorie!

יעה
stofblik

פח צבע
verfpot

ברגים
schroeven

כלי נגינה
muziekinstrumenten

מערכת תופים
drumstel

רמקול
luidspreker

גיטרה
gitaar

קונטראבס
contrabas

חצוצרה
trompet

פסנתר

piano

כינור

viool

בס

bas

תוף הדוד

pauk

תופים

trommel

מקלדת פסנתר

keyboard

סקסופון

saxofoon

חליל

fluit

מיקרופון

microfoon

גן חיות

dierentuin

כניסה
ingang
נמר
tijger
כלוב
kooi
זברה
zebra
מזון לחיות
dierenvoer
פנדה
panda

בעלי חיים
dieren

פיל
olifant

קנגרו
kangoeroe

קרנף
neushoorn

גורילה
gorilla

דוב
beer

גן חיות - dierentuin 59

גמל

kameel

יען

struisvogel

אריה

leeuw

קוף

aap

פלמינגו

flamingo

תוכי

papegaai

דוב הקרח

ijsbeer

פינגווין

pinguïn

כריש

haai

טווס

pauw

נחש

slang

תנין

krokodil

שומר גן החיות

dierenverzorger

כלב ים

zeehond

יגואר

jaguar

סוס פוני

pony

לאופרד

luipaard

היפופוטאם

nijlpaard

ג'ירפה

giraffe

נשר

adelaar

חזיר בר

wild zwijn

דג

vis

צב

schildpad

סוס ים

walrus

שועל

vos

איילה

gazelle

ספורט

sport

פוטבול אמריקאי
American football
רכיבת אופניים
wielrennen
טניס
tennis
כדורסל
basketbal
שחיה
zwemmen
הוקי
ijshockey
אגרוף
boksen

כדורגל

voetbal

בדמינטון

badminton

אתלטיקה

atletiek

כדור-יד

handbal

עשה סקי

skiën

פולו

polo

פעילויות
activiteiten

צחק
lachen
קפץ
springen
חיבק
knuffelen
הלך
lopen
שר
zingen
חלם
dromen
התפלל
bidden
נשק
kussen

כתב

schrijven

צייר

tekenen

הראה

tonen

דחף

duwen

נתן

geven

לקח

oppakken

יש / להיות הבעלים

hebben

עשה

doen

היה

zijn

עמד

staan

רץ

rennen

משך

trekken

זרק

gooien

נפל

vallen

שכב

liggen

חיכה

wachten

סחב

dragen

ישב

zitten

התלבש

aankleden

ישן

slapen

התעורר

wakker worden

הסתכל ב-

bekijken

בכה

huilen

ליטף

strelen

סירק

kammen

דיבר

praten

הבין

begrijpen

שאל

vragen

שמע

horen

שתה

drinken

אכל

eten

סידר

opruimen

אהב

houden van

בישל

koken

נהג

rijden

עף

vliegen

שט

zeilen

חישב

rekenen

קרא

lezen

למד

leren

עבד

werken

התחתן

trouwen

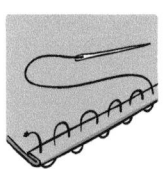

תפר

naaien

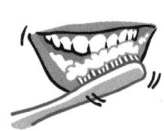

ציחצח שיניים

tandenpoetsen

הרג

doden

עישן

roken

שלח

verzenden

משפחה

familie

סבתא
grootmoeder
סבא
grootvader
אבא
vader
אימא
moeder
תינוק
baby
בת
dochter
בן
zoon

אורח

gast

דודה

tante

דוד

oom

אח

broer

אחות

zus

גוף
lichaam

מצח
voorhoofd
עין
oog
כתף
schouder
אצבע
vinger
פנים
gezicht
סנטר
kin
כף יד
hand
רגל
been
חזה
borst
זרוע
arm

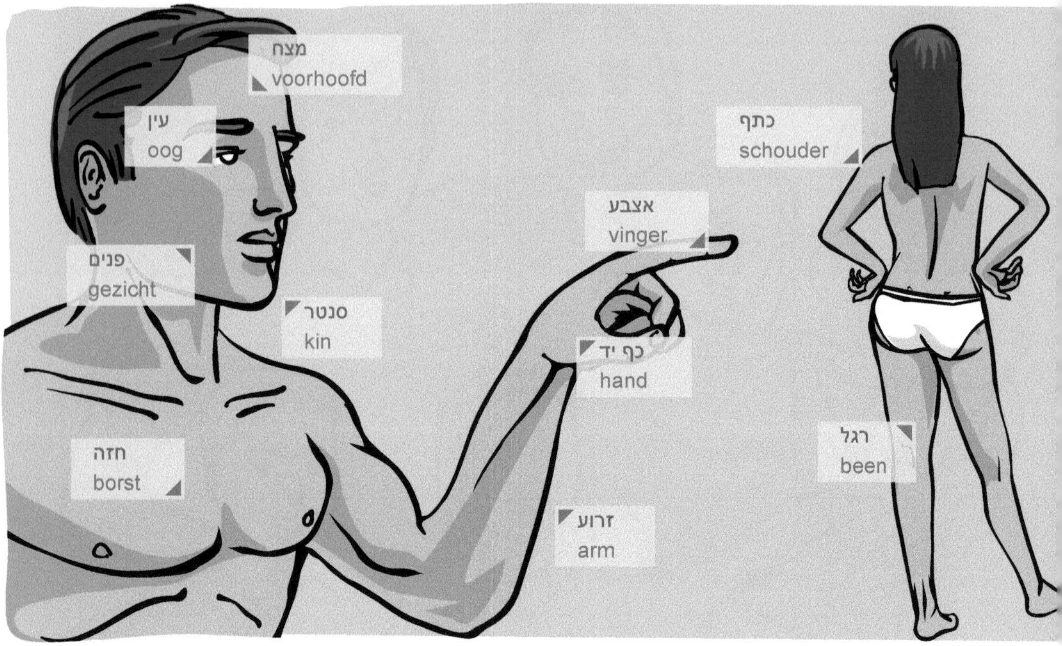

תינוק

baby

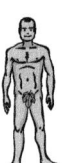

איש

man

אישה

vrouw

ילדה

meisje

ילד

jongen

ראש

hoofd

גב

rug

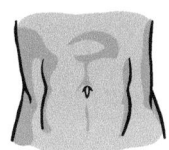

בטן

buik

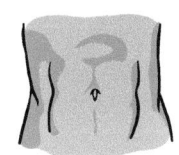

טבור

navel

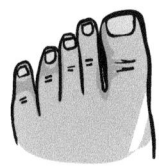

אצבע

teen

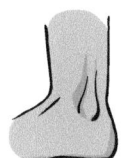

עקב

hiel

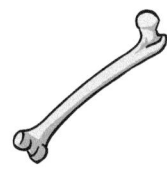

עצם

bot

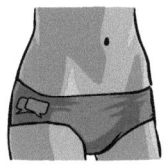

ירך

heup

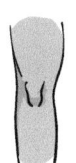

ברך

knie

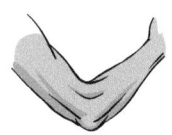

מרפק

elleboog

אף

neus

עכוז

achterwerk

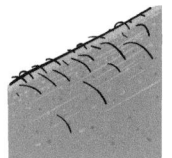

עור

huid

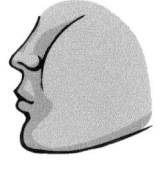

לחי

wang

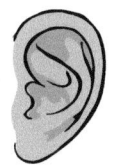

אוזן

oor

שפתיים

lippen

פה

mond

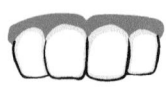

שן

tand

לשון

tong

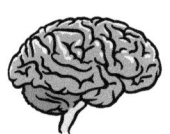

מוח

hersenen

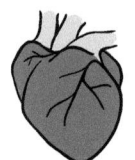

לב

hart

שריר

spier

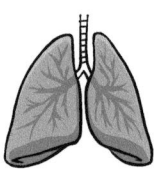

ריאה

long

כבד

lever

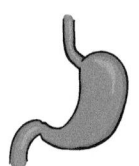

קיבה

maag

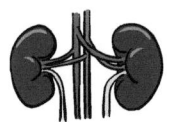

כליות

nieren

מין

geslachtsgemeenschap

קונדום

condoom

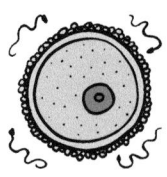

ביצית

eicel

זרע

sperma

הריון

zwangerschap

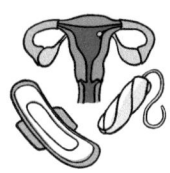

וסת

menstruatie

נרתיק

vagina

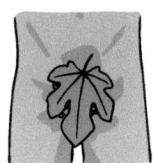

פין

penis

גבה

wenkbrauw

שיער

haar

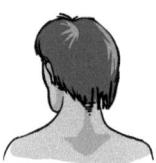

צוואר

hals

בית חולים
ziekenhuis

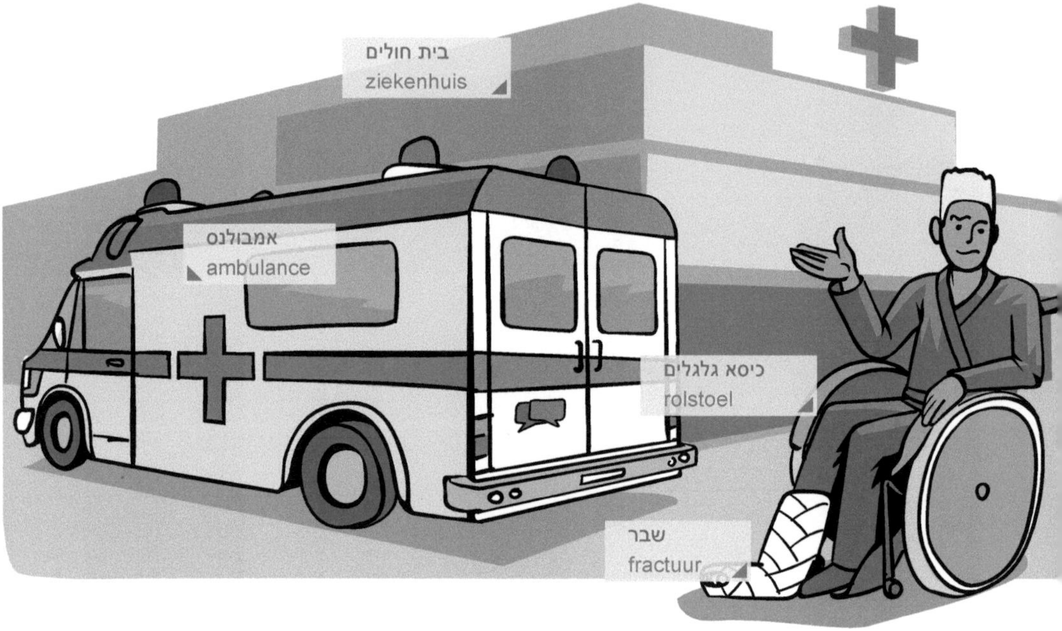

בית חולים
ziekenhuis
אמבולנס
ambulance
כיסא גלגלים
rolstoel
שבר
fractuur

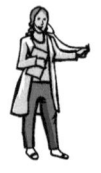

רופא

dokter

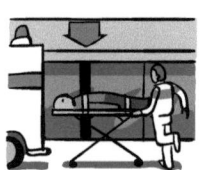

חדר מיון

EHBO

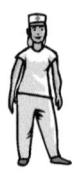

אחות

verpleegster

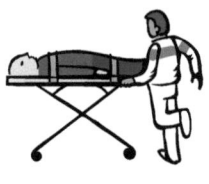

חירום

noodgeval

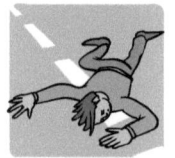

חסר הכרה

bewusteloos

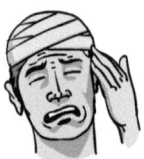

כאב

pijn

פציעה
verwonding

דימום
bloeding

התקף לב
hartaanval

שבץ
beroerte

אלרגיה
allergie

שיעול
hoest

חום
koorts

שפעת
griep

שלשול
diarree

כאב ראש
hoofdpijn

סרטן
kanker

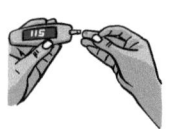

סוכרת
diabetes

מנתח
chirurg

אזמל
scalpel

ניתוח
operatie

סי-טי

CT

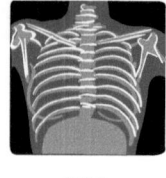

רנטגן

röntgen

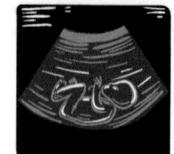

אולטרסאונד

echografie

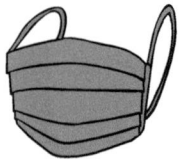

מסיכת פנים

gezichtsmasker

מחלה

ziekte

חדר המתנה

wachtkamer

קבה

kruk

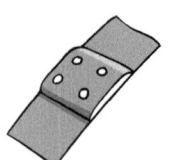

פלסטר

pleister

תחבושת

verband

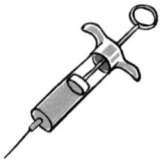

זריקה

injectie

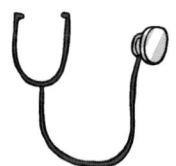

סטטוסקופ

stethoscoop

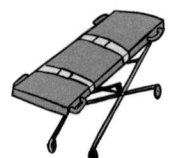

אלונקה

brancard

מד חום

thermometer

לידה

geboorte

עודף משקל

overgewicht

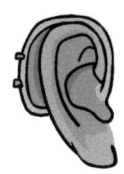

מכשיר שמיעה

gehoorapparaat

מחטא

ontsmettingsmiddel

זיהום

infectie

נגיף

virus

איידס

HIV / AIDS

תרופה

medicijn

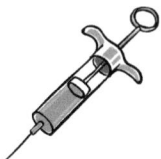

חיסון

inenting

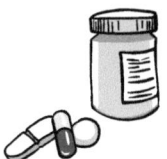

טבליות

tabletten

גלולה

pil

קריאת חירום

alarmnummer

מד לחץ דם

bloeddrukmeter

חולה / בריא

ziek / gezond

חירום

noodgeval

הצילו!

Help!

אזעקה

alarm

פשיטה

overval

תקיפה

aanval

סכנה

gevaar

יציאת חירום

nooduitgang

אש!

Brand!

מטף כיבוי

brandblusser

תאונה

ongeluk

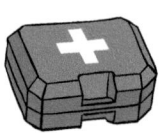

ערכת עזרה ראשונה

EHBO-koffer

הצילו!

SOS

משטרה

politie

כדור הארץ
aarde

אירופה

Europa

צפון אמריקה

Noord-Amerika

דרום אמריקה

Zuid-Amerika

אפריקה

Afrika

אסיה

Azië

אוסטרליה

Australië

האוקיינוס האטלנטי

Atlantische Oceaan

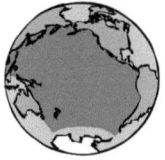

האוקיינוס השקט

Stille Oceaan

האוקיינוס ההודי

Indische Oceaan

האוקיינוס האנטרקטי

Zuidelijke Oceaan

האוקיינוס הארקטי

Noordelijke IJszee

הקוטב הצפוני

Noordpool

הקוטב הדרומי

Zuidpool

אנטארקטיקה

Antarctica

כדור הארץ

aarde

אדמה

land

ים

zee

אי

eiland

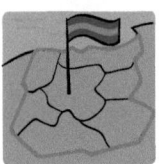

לאום

natie

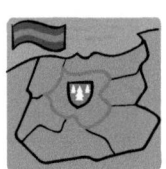

מדינה

staat

שעון
klok

פני השעון

wijzerplaat

מחוג השעות

uurwijzer

מחוג הדקות

minutenwijzer

מחוג השניות

secondewijzer

?מה השעה

Hoe laat is het?

יום

dag

זמן

tijd

עכשיו

nu

שעון דיגיטלי

digitaal horloge

דקה

minuut

שעה

uur

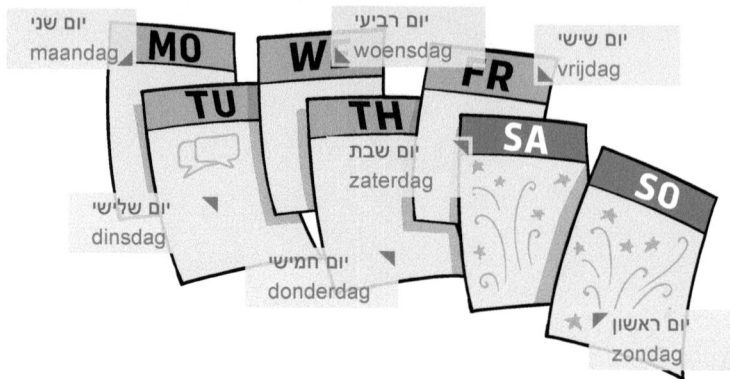

שבוע

week

יום שני
maandag
MO
יום רביעי
woensdag
W
יום שישי
vrijdag
FR
TU
TH
יום שבת
zaterdag
SA
יום שלישי
dinsdag
SO
יום חמישי
donderdag
יום ראשון
zondag

אתמול

gisteren

היום

vandaag

מחר

morgen

בוקר

ochtend

צהריים

middag

ערב

avond

ימי עבודה

werkdagen

סוף שבוע

weekend

שנה

jaar

קשת בענן
regenboog
גשם
regen
שלג
sneeuw
רוח
wind
אביב
voorjaar
סתיו
herfst
קיץ
zomer
חורף
winter

4.APRIL 11°
5.APRIL 4°
6.APRIL 13°
7.APRIL 8°
8.APRIL 10°

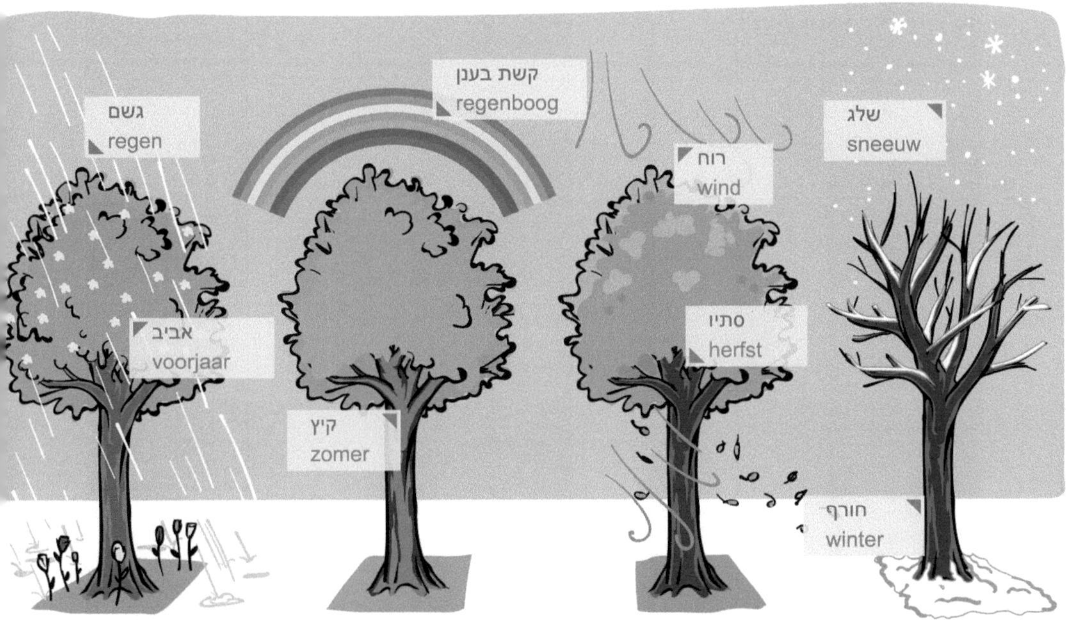

תחזית מזג האוויר

weerbericht

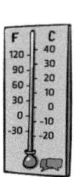

מד חום

thermometer

אור שמש

zonneschijn

ענן

wolk

ערפל

mist

לחות

luchtvochtigheid

ברק

bliksem

רעם

donder

סערה

storm

ברד

hagel

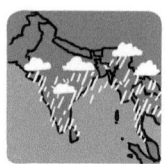

רוח עונתי

moesson

שיטפון

overstroming

קרח

ijs

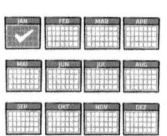

ינואר

januari

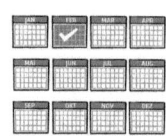

פברואר

februari

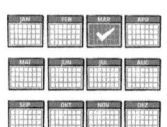

מרץ

maart

אפריל

april

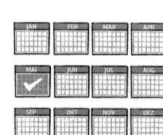

מאי

mei

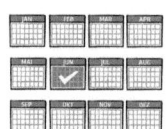

יוני

juni

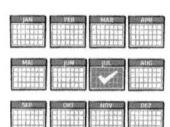

יולי

juli

אוגוסט

augustus

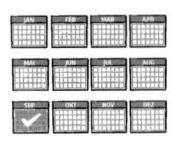

ספטמבר
....
september

אוקטובר
....
oktober

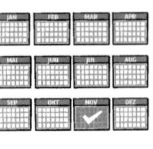

נובמבר
....
november

דצמבר
....
december

צורות

vormen

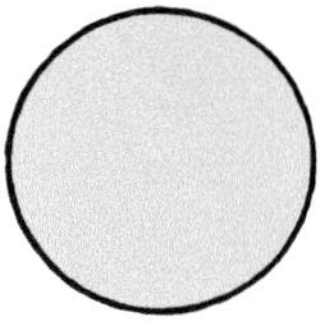

עיגול
....
cirkel

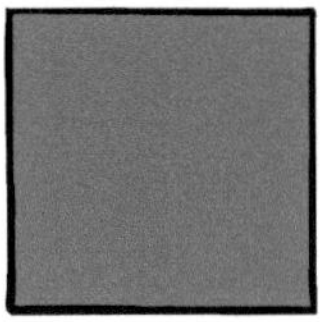

מרובע
....
vierkant

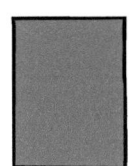

מלבן
....
rechthoek

משולש
....
driehoek

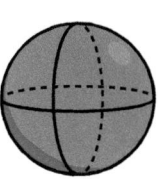

כדור
....
bol

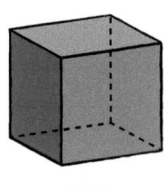

קובייה
....
kubus

צבעים
kleuren

לבן
wit

צהוב
geel

כתום
oranje

ורוד
roze

אדום
rood

סגול
paars

כחול
blauw

ירוק
groen

חום
bruin

אפור
grijs

שחור
zwart

הפכים
tegenstellingen

הרבה / מעט

veel / weinig

כועס / רגוע

boos / rustig

יפה / מכוער

mooi / lelijk

התחלה / סוף

begin / einde

גדול / קטן

groot / klein

בהיר / כהה

licht / donker

אח / אחות

broer / zus

נקי / מלוכלך

schoon / vies

שלם / חלקי

volledig / onvolledig

יום /לילה

dag/ nacht

מת / חי

dood / levend

רחב / צר

breed / smal

אכיל / לא אכיל

eetbaar / oneetbaar

רשע / טוב לב

gemeen / aardig

מתרגש / משועמם

opgewonden / verveeld

שמן / רזה

dik / dun

ראשון / אחרון

eerste / laatste

חבר / אויב

vriend / vijand

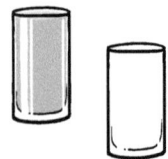

מלא / ריק

vol / leeg

קשה / רך

hard / zacht

כבד / קל

zwaar / licht

רעב / צמא

honger / dorst

חולה / בריא

ziek / gezond

בלתי-חוקי / חוקי

illegaal / legaal

נבון / טיפש

intelligent / dom

שמאל / ימין

links / rechts

קרוב / רחוק

dichtbij / ver

חדש / משומש

nieuw / gebruikt

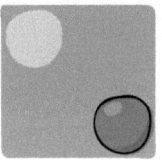

כלום / משהו

niets / iets

זקן / צעיר

oud / jong

פעיל / כבוי

aan / uit

פתוח / סגור

open / gesloten

שקט / רועש

zacht / luid

עשיר / עני

rijk / arm

נכון / שגוי

goed / fout

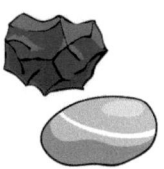

מחוספס / חלק

ruw / glad

עצוב / שמח

verdrietig / gelukkig

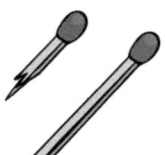

קצר / ארוך

kort / lang

איטי / מהיר

langzaam / snel

רטוב / יבש

nat / droog

חם / קר

warm / koel

מלחמה / שלום

oorlog / vrede

מספרים
getallen

0
אפס
nul

1
אחת
één

2
שתיים
twee

3
שלוש
drie

4
ארבע
vier

5
חמש
vijf

6
שש
zes

7
שבע
zeven

8
שמונה
acht

9
תשע
negen

10
עשר
tien

11
אחת-עשרה
elf

12
שתים-עשרה
twaalf

13
שלוש-עשרה
dertien

14
ארבע-עשרה
veertien

15
חמש-עשרה
vijftien

16
שש-עשרה
zestien

17
שבע-עשרה
zeventien

18
שמונה-עשרה
achttien

19
תשע-עשרה
negentien

20
עשרים
twintig

100
מאה
honderd

1.000
אלף
duizend

1.000.000
מיליון
miljoen

שפות
talen

אנגלית

....

Engels

אנגלית אמריקאית

....

Amerikaans Engels

סינית מנדרינית

....

Chinees Mandarijn

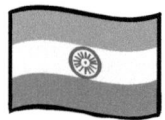

הודית

....

Hindi

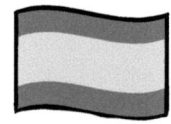

ספרדית

....

Spaans

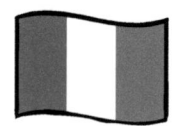

צרפתית

....

Frans

ערבית

....

Arabisch

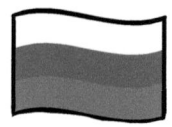

רוסית

....

Russisch

פורטוגזית

....

Portugees

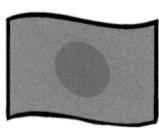

בנגלית

....

Bengalees

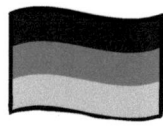

גרמנית

....

Duits

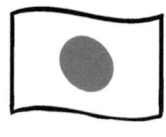

יפנית

....

Japans

מי / מה / איך

wie / wat / hoe

אני

ik

אתה / את

jij

הוא / היא / זה

hij / zij / het

אנחנו

wij

אתם

jullie

הם

zij

מי?

wie?

מה?

wat?

איך?

hoe?

איפה?

waar?

מתי?

wanneer?

שם

naam

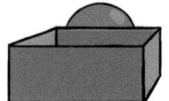

איפה

waar

מאחור

achter

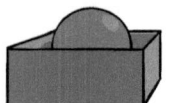

בתוך

in

לפני

voor

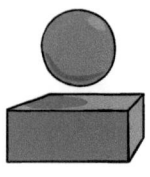

מעל

boven

על

op

מתחת

onder

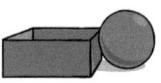

ליד

naast

בין

tussen

מקום

plaats